물은 맨발로 걷는다

물은 맨발로 걷는다

박은주 시집

| 머리말 |

두 번째 시집을 내며

나의 분신이며, 내 소중한 그림자여!
지독한 산고 끝에 너를 얻어 부둥켜안고 몸부림치다
이제 내 품에서 조심스레 내려놓는다.

날개를 퍼덕이며 창공을 나는 것은 너의 몫이다.
아픈 내 가슴 문지르며 주저앉으려는 너를 보내놓고
나는 그저 부끄러워 얼굴 붉히며 너의 뒷모습 바라볼 뿐…

나의 시여! 머무는 곳 어디서든 아프지 말아라.

2008년 가을
박은주

| 목차 |

1부

2부

3부

4부

5부

1부

바람보다
더
가벼운
꽃잎이
되고싶다

솔 섬

틈만 나면 와르르 몸 부수어
달려드는 파도 너 정도야
어디 덤벼보라며 섬은 꿈쩍도 않는다

비바람 난리통에 자식 여럿 잃고도
진통의 무덤처럼 버티고 서있는 바다의 쉼터

순한 물고기되어 저 깊은 바닥까지
맘껏 유영하고 싶지만
마디마디 눌러붙어 떨고있는 식솔들
부둥켜안아야 한다

한입감이라며 날름 삼키려는 파도
그래도 뜨겁게 에워싸주는 저녁놀이 있어
춥지 않은 섬 하나

어느 봄날
– 전주천을 보며

물비린내 쌓인
뼈 마디마다 바람 푸르르
제 몸 털어 정화시킨 흙냄새
맨발로 걸어나온 봄 향기다

왜가리 한 마리 먹이 겨냥하는 목덜미 위로
구름 지나고

물고기들의 보금자리 싸안으며
저 넉넉하게 흐르는 물

한벽루 앞 휘도는 물살도
정강이까지 바지 걷어 올리고 첨벙! 첨벙!
그물로 건져 올린 피라미들
내 키보다 높이 튀어오르던 봄날처럼
그렇게 건너가고 싶다

살아온 날보다 살아갈 날이 더 적은 것을 셈하며
바람보다 더 가벼운 꽃잎이 되고 싶다.

갯바위

울퉁불퉁 가시 돋은 저 사내
성깔 꽤나 있어 보이는데
덩치 큰 바닷물 뒤척이다 돌아누운 찰나
태양이 달려들어 바글바글 눈부신 알 슬어 놓지

아랑곳없다는 듯 미동조차 않고
몇만 년 고집으로 살았을까
모래밭에 박힌 발 덕지덕지 녹이 슬은 거야

사람들 가슴 트일까 가끔씩 찾아오면
막혔던 사연이사 손잡고 웃으면 터지고
몸뚱이는 쓰기 나름이라고 말하고 싶은 것이지

노을의 붉은 울음이
갈매기 소리처럼 물 위에 떨어지면
바다와 나 사이 교감을 막아서는 어정쩡한 몰골
언제나 그 자리, 고집불통 저 사내

대숲 바람 같은

한쪽 귀퉁이가
무너진 장독대 뒤편

시어미 입김 같은 대숲바람에
돌아앉은 막사발 몇 개, 저것들
쌀밥 수북이 담겨진 적 있었지
생각만 해도 뱃속이 든든하다

삼 일 만에 쉰밥 먹고
물동이 들다 동티난 옆집여자
삼십 년 된 지금도
가슴에 대숲바람 분다는데

아이 낳고 삼 일 만에 보리방아 찧었다는
칼바람 같은 시어미 서슬이 하도 옹골차서
늙어도 등이 시리다는 우리 엄니

작은 등불되어

어둠 스멀스멀 기어들고
심장을 치는 빗소리 가쁜 숨 몰아쉬며
두레박처럼 우물 속에 몸을 던진다

첨벙!
바닥 깊은 곳에 닿았나 보다

이만큼이야, 하는 메아리
그대 서있는 벼랑 끝 아슬~한 떨림처럼
가슴 멍~하니 울린다

한 방울의 수액도 받아들이기 버거운
척박한 혈관, 비탈길 걸어가는
가느스름한 진동이 내 목 죄어오는 듯한

어머니! 당신 등 뒤에서 작은 등불되어
이 밤 온전히 지새울 수 있을지

긴 수면 속, 하염없는 당신 앞에 나는
비 맞는 나비처럼 고통스럽다

시간 박음질하다

비포장 시골길
새내기버스 기우뚱대다
박치기하려던 개구쟁이 바람 녀석에게
콧등이 살짝 스쳤을 뿐인데

흙먼지 뽀얀 고갯길
몰매라도 맞은 것처럼 마치
엄마에게 어리광부리듯 여장군 앞에
불쑥 멈춰 선 체 꼼짝도 안한다
엔진 고장도 아닌데….

가야할 목적지는 아직 먼데
밭고랑 사이에 핀 냉이꽃처럼
흰 싸락눈 내리고, 어스름 땅거미도
바쁜 듯 똑딱똑딱 시간 박음질하고 있다

나도 너처럼
떼쓰는 아이마냥 무작정 주저앉고 싶었다
신호등 파란불이 아니었다면

물은 맨발로 걷는다

등 돌리고 말았겠지

위험을 감지한
몸 안의 작은 생명
덫에 걸린 한 마리 새처럼 덜덜 떨며
짐승처럼 너를 울리지 않았더라면

어느 시련의 무게에 눌린 절절함
산 굽이굽이 휘돌다 다시 오고
가끔씩 폭풍우 후려치고 지나도
그래, 바람이 장난처럼 한 번 그래본 거야

꺼이꺼이 울며 품 속 뛰어드는 빗방울
껴안으며 껴안으며 맨발로 자갈길 걸어간다

흘러흘러 바다로 갈 저- 눈물의 행보

눈먼 허상이여

너에게 박힌
작은 가시 하나 뽑아버리면
오랜 통증이 사라지는 줄 알았다

걸리적거리는 빈 깡통 같은 것
두세 개쯤 떼내어 주면
새가되어 어디든 훨훨 날 줄 알았다

바람 잦은 산등성에서 나는
네가 앉아 쉬어 갈 초승달처럼 서있는데
빈 들판 지키며 서있는 눈 먼 허상이여!

날개처럼 두 팔을 펴도 날지 못하는 새
하염없이, 하염없이
발을 동동거리며 눈발을 맞는다.

부재不在

바람에게 발목 잡힌 밤
별 껍질 툭툭-
떨어지는 강가로 가면
다정했던 너, 하얗게 웃는 얼굴
달빛길에 그대로인데

싹을 잉태한 한 줌 흙처럼
가슴은 터질 듯 그리움이 꿈틀댄다

운명처럼 피고 지기를 기다리자던
네가 먼 길 떠난 뒤
내 머리엔 하얗게 꽃이 피었다

꽃샘바람

세상과 연이 닿아야
열매 맺을 수 있다고 앞다투어
어둠의 심지마다 꽃불 당기던 날
아! 소리없는 비명

피멍든 꽃잎 고통의 살냄새 모르는 체
흰 구름 엉덩이나 발길질하며 하늘 길 닦는 척
딴전피우는 바람

다 안다, 네 가슴도 아리다는 것

2부

심장 두드리고
온몸을 비비고
격렬하게 울부짖는
여기

비의 운명

처음엔 어디든 갈 수 있는
황홀한 날개였다
빗방울, 너는 성질 사나운 바람 만나
순간을 살기 위한 필사적인 몸부림이 된다

산등성이에 곤두박여도
결코 소멸되지 않아
맨발 부르트도록 험한 산길 걷다
힘센 나무의 보호가 필요했겠지

한 생의 끈질긴 숙명 같은 것
질긴 매듭 풀어가며 땅 속에서 부디
숨결 열어주기를 나무는 오래도록 기다렸다

햇빛이 너를 부화시킨다
푸른 잎으로
아름다운 꽃으로

세상 밖으로

가로등 희멀건 불빛
육신을 눌러 움직일 수 없는데
나 세상 밖으로 끌어내리려 하는 비의 소용돌이
심장 두드리고 온몸을 비비고 격렬하게 울부짖는 여기
또, 한세상
냉혈한 내 가슴에 더운피 돌게하고
술에 취한 곡예사처럼
위험한, 그대 곁에서 나는
긴- 겨울잠에 든다

반쪽 같은 나
언젠가 잠에서 깨어나야 한다면
청정한 바람향기, 햇살 궁굴리는 풋콩 같은
그런 초원이었으면 좋겠다

봉선화

붉은 심장이란 듯
양지바른 곳에서 수줍게 피어나
여인네들의 손에 뜯겨진다

세상에 번져가라고 탁 탁 탁 탁
짓이기고 두들겨 선혈 낭자한 심장
손톱에 묶는다

숨막혀 죽겠다고 밤새 소리치고
몸부림치다 애간장 녹아 흐른 듯
빨갛게 멍이 든다

피멍든 손톱 이쁘다고
잘 익은 사내 가슴은 콩 당 콩 당
대장간이 된다
불화살을 만드는 중이다

허수아비

보슬비 오는 날은
우산 없이 서있어도
속옷이 젖지 않는 줄 알았다

새들이 쪼아대도 더 이상
흘릴 피 남아 있지 않는 줄 알았다

제 몸 팽개치고 달아나는 무심한
아름다우나 정작 보잘것없는 시간들과
저 들판의 공허

홀로 서있는 가을이 남기고 간, 나
허연 속살 다 드러내며 늘어진 달밤이나
눈물나도록 붙잡고 싶다

꽃의 소리
- 연꽃을 보며

어릴 적 엄마의 분냄새 같은
화사한 향기

머나먼 길 걸어서 예까지 온
너와 마주할 수 있어
또아리 튼 기억의 실타래 풀리 듯
교문을 빠져나와 못 가로 몰리는 아이들
왁자한 소리 듣겠다

반은 세월이 쓸어가고 반만 남은 듯
벙그는 꽃 이제야 소란스럽다

어쩌자고 너를 무작정 좋아했는지
형체 없는 것, 그립고 그리운 것들
네 안에 가득 담겨 있어
이제라도 나 행복하다

산천어
- 강천산 계곡에서

강천사 가는 길은
초입부터 모랫길, 맨발로 걷는다
병풍폭포 앞에서 잠시 여유부리려 다가섰는데
웬 산천어?
단풍잎들 송어 등마다 온통
붉은 알을 슬어놓아 넋 놓고 바라보다
두런두런 모랫길 정 나누는 소리에
맘돌려 계곡 따라 걸으니
어라?
팔뚝만한 송어들 구장군 폭포까지
장관을 이루고 있는 것 아닌가
사람들 야릇한 미소 흘리며 떠날 줄 모른다

어찌 초장 생각이 나는 낌새가 보이네
에라, 속물들….
하지만 나도 입안에 군침이 도는데
죽어가는 나뭇잎 툭 툭, 물 위에 떨어진다

배탈난 동해

먼 바다 바라보다
인어가 곁에 있는 줄도 몰랐다.
조각가 뜨거운 심장의 손짓일까
눈동자에서 눈물이 주르르 흐를 것 같아
등 돌린 그 밤 한숨으로 날이 새었다

새벽에 다시 찾았을 땐 철부지바람만
잠을 설친 듯 내 머리 붙잡고 심통을 부렸다

파도란 녀석 이리저리 날뛰는 걸로 보아
모래인어인 줄도 모르고 삼켜 배탈이 난 거다

멍한 내 꼴이 문득
어시장 팔다 남은 한 마리 생선 같아
그 날
바다가 무덤보다 더 슬퍼보였다

빌딩 숲 사이로

장난기 많은 바람이
배불뚝이 먹구름을 건드려 기어이
울음보를 터뜨렸구나

심심해서 살짝 건드려 본 것뿐이라는데
산짐승처럼 으르렁대며 떼거지로 덤벼들어
죄 없는 나무를 던지고 집채도 물어뜯어
강물에 내던진다.

무엇이 그렇게 부아가 나서
산과 들을 헝클어 놓고 씩씩대는지

문명의 무자비함에 죄목을 붙인다.
'자연을 파괴한 죄'
매연과 세균이 득실대는 지구

신열에 끓는 도시 빌딩 숲 사이로
피투성이 바람만 휠체어 타고 지나간다.

낡은 의자

누구인가
내 어깨 기대고 쉬려는 자

허리엔 쇠못이 박혀 있고
다리 한 쪽은 부상당해
아주 부자연스럽다네

세월이 구타하여
나 이렇게 온몸에 멍이 들었네

그래도 페인트칠은 하지 말게
내 안에는 지금 삶이 절박한 생명
꿈틀대고 있다네, 그 삶 다 지키고 나면
몸 바스러져 주저앉겠지 그래도
그냥 놔두게
그런 대로 아직 쓸만하지 않은가

붉은 상처

산등성이에 석양이 걸터앉으니
서서히 땅을 딛는 하늘의 적요

몸 풀고 하혈하듯
울컥울컥 울음 쏟는 강물
바위에 몸 부딪는 소리가
성깔 사나운 아이 같구나

너도 산마루쯤 걸터앉아
잔소리처럼 넋두리를 늘어 놓고 싶겠지

아서라, 나도 첩첩 산골마다 서러운
사연 디밀어 본적 있었다, 하지만
노을보다 더 붉은 상처 뿐이라네

물 따라 가는

멈추지 않는 너와
합류하면서도 왜 한사코
그물에 걸리고 싶었는지

날마다 달그락 달그락 시어미 같은
잔소리 몸살처럼 짓눌러

청산의 잎새 휘파람 소리
벙그는 석류 해맑은 웃음까지
속없이 허허거리는 박속 같은 거야

더러는 느긋한 너의 움직임에
화살 같은 내 인생
붓 끝에 젖은 먹물처럼
허공 한 획 흩뿌리듯 지나고

3부

잔잔한 세월의 흐름에 귀 대어 본다

향수 1

고향집 여름밤 생솔가지 타듯
후두둑 빗소리 들린다

모깃불 놓던 옷소매 걷어 올리고
농익은 복숭아 한 바구니 따다 평상에 놓으면
모기 예닐곱 놈쯤에게는 헌혈하는 아량 베풀던
과수원집 우리 가족들

등짐 같은 삶이 버거웠는지
훌훌 털고 아버지 떠나시던 그 날
젖은 흙길처럼
질척거리는 삶의 마디마디 아리듯
보고싶은 동무들, 개울물 소리

살갑고도 살가운 흔적처럼
저 빗소리 정겹기도 하다

향수 2

햇살, 꾹꾹 눌러 담던
고향집 돌담 지나 보릿대 타는 구수한 냄새
톡톡 튀는 소리
주머니에 불룩하도록 쑤셔 넣고
개울가에 서있고 싶다

수많은 날 말하고 싶어 하르르 떨면서도
끝내 고통을 호소하지 못하던 가여운 별 하나
다시 만나보고 싶다

갈대처럼 야윈 어머니 손 꼬-옥 잡고
산 너머 붉은새가 말없이 사라진 곳 어디냐고
목이 쇠도록 물어봐도
어른되면 알게된다며 걸음만 재촉하시던
어둠, 소리없이 내린 그 수수밭 길
발이 아프도록 걸어보고 싶다.

낯선 세상길 가다

화엄사 돌계단 밟으며
진드기처럼 붙어있던 남루한 생각들
바람 한 보시기로 털어버린다

온몸 휘감아도는 풍경소리
계곡이며 숲, 문지르며 지나고
처음 와 본 곳처럼
숲에서 오는 향내도 낯설다

언제나 구름 지어 나르느라
허우적대는 지리산 능선처럼
젖은 발 동동거리던 한 사람

지팡이 하나에 절름거리며
더듬더듬 낯선 세상길 걸어가던 그 사람
이제 어디에도 없다
빈손으로 산의 품에 슬쩍 안기었을까.

연애소설

질긴 강바람에도
살아남을 줄 아는 것들은
생각처럼 쉽게 닳지 않더라

산꼭대기 앉아 자결하겠다는 놀 붙잡고
그 녀석 이야기 같은 연애소설 한 편
가슴 찡- 하게 들려주고
순리의 길 따라가자 하면 되는 것

한 줌 재로 돌아갈 순간이면 누구나
자기 삶이 한 권의 소설 같다고 하지

흔적까지 불사른 사연일지라도
잔잔한 세월의 흐름에 귀 대어 보면
알 수 있다
아직 살아 꿈틀대는
풋과일 같은 사랑놀음.

산, 산
- 지리산의 가을

쥐 한 마리 잡자고
불붙은 부지깽이 휘두르다
물 반쯤 담긴 놋요강 출렁이며
바쁘게 움직이던 할머니
가까스로 불씨 잡고 주저앉던
그 다락방처럼
붉게 타는 산등성이에
삐걱대는 위험한 계단들

활활 타는 불꽃도 허공에 다 주고
밟으면 바스락 바스락 소리를 내는
산
내 안에도 산이 있어 밟히는 소리가 난다
이 환장할 통증 어디서 오는 것인가

휘파람새

청춘처럼 파란 숲 더듬으며
자신만만하던 햇살, 미치도록 푸른 하늘
어둠에게 한 움큼씩 먹히며
백발처럼 갈대만 하얗게 흔들리던 날

술잔 앞에 놓고 풀씨 같은 고향생각
뭐 그런 저런 눈물도 꿰어두면 구슬이라고
끊어진 거문고마냥 속울음 울었지

길 잃은 새끼 부르다 목쉰 어미처럼
깊은 산골짝 속속들이 앙그러지던

그날, 그 휘파람새는 어디로 갔을까

봄날

이른 아침 산 숲이 시끌시끌하다
부지런도하시지 포르르 다람쥐 지나가고
무엇이 몸 풀어 야단법석인가
산골 물도 산파인양 호들갑떠는구나.

이때쯤 노루새끼 눈망울도 촉촉해진다는데

세월이 알맞게 익은 아낙
홑치마 휘어잡는 바람도 적당히 지나고
아직 부실한 날개로 비행 시도하는 아기새
몇 번이나 거꾸러지는 산 숲, 봄날이 자지러진다.

이럴 때 기상나팔이라도 불 듯
풋풋한 선머슴애 같은 산 꿩이 울면
소쩍새가 화답한다는데
삶도 숲처럼 향내가 있는 그저 편안한
공간이었으면 좋겠다.

산, 너를 베고 눕는다
- 연곡사 계곡에서

젖 달라 보채는 아이마냥
촉촉한 속살 파고드는 바람이랑 운해랑
보듬어주는 엄마 같은 막 깊어진 녹음
전생의 연이었 듯 정겹다

아까시, 이팝꽃, 몸 털어내니
이제야 차례인 듯 흐드러진 찔레꽃
지치도록 뒹굴어도 좋을 풋풋한 향기
불새* 울음 같은 연곡사 계곡물소리 베고 누워 본다

이렇게 눈물나게 정다운 것들
흘러 다시 못 오는 강물처럼, 세월이야
그렇게 간다 할지라도 늘 곁에 있었으면 좋겠다.

*불새(호반새) : 새벽에 우는 여름새

정자나무

빛, 꾹꾹 눌러담은 더운피도
가끔은 감춰진 동굴 속처럼 서늘하다

다 자란 새끼들 날려보낸 어미새 가슴도 그랬을까
새들 부리 묻고 잠들 수 있는 둥지 하나 있으면
더 바랄 것 없는 줄 알았던 정자나무
오지랖이 넓어서인지
한 줄금 소나기 같은 허망한 꿈에 비틀대는 사람들
얼르고 다독이고

아낙네의 닳아진 호미 끝에 몸살 앓는 거친 땅처럼
앙상한 뼈 열어놓은 옆구리는 시멘트 깁스를 했다

맨발로 계절을 딛고 한 발 올라서보면
다문다문 입소문도 퍼지는 마을
가끔 막걸리에 취한 이장댁 퍼질러진 동백아가씨
그리움에 지쳐서~~ 울다 지쳐서~~

바람 따라 이승의 숨결 풋풋함이
찔레꽃 향기처럼 동구 밖까지 환하다.

구겨진 틈새

노숙자들 헐거워진 옷 속으로
땅거미 슬금슬금 기어든다

질펀하게 노출되는 침묵
안락사의 행위이기라도 하듯
눈두덩을 짓누르는 천근의 무게

눅눅한 어둠 속 꿈틀대는 숨소리
꼬깃꼬깃 주름살 구겨진 틈새로 가난이 괴어
알을 품는다

한물 간 생선들처럼
조금은 부패된 세월의 흔적이다

산꿩의 다리

그녀는 무더운 여름
숲에서 만나는 한 줄기 바람이다

거미가 집을 짓고 먼지를 쓰고 앉아
행여 옷깃에 닿을까 피해가지만

바람결에 매달려 주춤거리며 피어나는 꽃잎
어서어서 허공에 길 내도록
걸음마 가르치는 어미처럼
살랑살랑 손사래쳐주는 잎사귀들

자식 위해 삶의 전부를 바치고도
늙지 않는 사랑
마치 그 심볼처럼 야무진 모양새다

스러질 듯 가느다란 꽃잎 슬쩍 건드리면
독특한 향내 아기 웃음소리처럼 까르르 쏟아져서
허둥지둥 요리저리 붙잡으러 다니느라 부산한
한 줄기 바람이다

*산꿩의 다리 : 들꽃이름

4부

나, 쓸쓸하지 않겠습니다

바람 부는 날 1

날카로운 칼이 없어도
바람은 강물을 잘도 베어 먹는다

어디선가 신음소리 들린다

벗이 되어주는 이 없어
여기저기 심술만 부려놓는 바람
그도 가슴께가 많이 아픈 모양이다

저 강물은
무수히 곤두박질치며 외로운 섬을 스쳐
긴 긴 표류를 하겠지

바람 부는 날이면

바람 부는 날 2

언제였던가, 그 해 가을도
너는 줄곧 휘파람을 불었지
곡예사처럼 서너 고개쯤 슬쩍 넘고 싶었을까

벌레먹어 숭숭 뼈 드러낸 나뭇잎처럼
휘파람 부는 바람, 너는
내 몸에 연거푸 곤두박질쳤지

너의 올가미에 걸려 겨울이 다 지나도록
혹독한 천식 난 오래 앓았어

덕분에 바람막이들
내 키보다 훌쩍 자라버렸단다.

바람 부는 날 3

성질 급한 나뭇잎 먼저 집 떠나면
을씨년스런 숲은 시름에 젖을 여유가 없다

심술쟁이 바람 앞에 한 알의 씨앗이
어디 순조롭기만 할까
푸른 담벼락에 머리 부딪치기도 하고
벼랑에서 곤두박질쳐 찢겨지기도 하겠지

퍼붓는 눈 속에서도 단단한 껍질 열고
빼꼼히 세상을 내다보고 싶은, 호기심 많은 꽃눈
타이르는 일까지
바람 불면 숲은 더욱더 쓸쓸하다

나, 쓸쓸하지 않겠습니다

그대를 애써 기억해내지 않아도
가슴 싸- 아하게 아린 까닭은
방금 배웅하고 돌아선 그리움 때문입니다

보슬비 내리는 길
바람도 저희끼리 기대고 잠든, 이 고요 속에
비를 맞고 걸어도 발걸음 가벼운 것은
지금 그대에게로 가고 있기 때문입니다

어둠이 앞을 막아, 발 헛짚어도
소근대는 물소리, 낙엽 밟히는 소리
마치 그대가 나를
가만히 부르는 소리와도 같습니다.

아침으로 시작한 오늘이 막 저물어 갑니다.
나, 쓸쓸하지 않겠습니다.

연蓮

진흙 속 온갖 유혹
번뇌에서 빠져나와 먼 길 걸어온 꽃봉오리
햇살이 매만지며 톡톡 두드려도
합장한 손 아직은 때가 아니라 한다

행여 새끼다 칠까 날개로 감싸안은 새처럼
겹겹이 접어 놓은 꽃잎

더럽고 추한 것 물들이지 않으려고
속살 향기, 씨앗까지 만들어 슬그머니
완성의 미를 보여주는 꽃

세상의 모든 어미처럼
저 홀로 삶을 지킬 수 있을 때
깃털은 툭툭 떨어져나간다.

수렁 속에 디딘 발 행여 미끄러질까
바람도 살포시 빈 날개 젓는다

마음 비우고

험난한 물길따라 가다 보면
깊숙이 박힌 암세포 뜯어내는
항암 물질도 만들 줄 알게 된다

수백 년 깊은 물도 가끔씩은
수문을 열어 바닥을 보여 주고
제 몸 두들겨 패던 물고기도
찢겨진 틈새에 머리를 비비다
스스로 포기하는 것을 터득한다
순리라는 것을 따라야 하기 때문이다

검게 누운 물금을 중심으로
이승과 저승이 나뉘어지면 내면의 빛
서녘 하늘 물들이는 고운 빛이 되기를

잔인한 물거품 회오리쳐와도 가슴속 멍울
몸 밖으로 튀어나와 행여 꽃이 될까
기대하는 마음 없기를

겨울 들판

소란스러웠던 추억
드러누운 자리
황금들녘을 호령하던 허수아비는
무고한 죄의 값을 어디까지 치러야 하는지
가혹한 형벌
바람, 바람, 바람

눈발의 날선 껍질들은
밤새 광증처럼 벌판을 휘젓고 다니다
지루한 옷을 너에게 벗어 던진다

염증 같은 허기의 심상
소화되지 않은 알약이 반발처럼 튀어나오듯
온몸에 종기가 터지는

허수아비, 그뿐인 것을
질기에 맴도는
굶주린 매 한 마리

들고양이 같은 너

좁쌀만한 생각 틀어본다고 되나
괜한 나뭇잎만 떼어서 큰 길까지 끌고와
이리 저리 굴려보다 그마저 신물나면
아무데나 팽개치고 달아나는 바람

심술난 들고양이 같더니
가끔씩 성난 짐승처럼 으르렁대며
거리를 쏘다닐 땐 분명 도시 하나쯤
삼킬 수 있다고 으름장을 놓고 싶은 거야

소중한 것이 무엇인지 모른다고
설레설레 고개 흔드는 너의 등 뒤에서, 나
비 맞은 새처럼 울고 있었지

뼛속을 탐색하는 이물질처럼
지지고 볶는 속앓이
이제 그만하기로 하자

무력武力
- 지하도에서

어둠이 깔리니
벽이며 천정에 붙어있던 물것들
박쥐처럼 슬금슬금 내려와
긴 의자에 구겨져 누운 노숙자 몸
더듬기 시작한다.

사그락, 사그락 갉아 먹히는 것 아직
살아 남아 있는 조그만 꿈들
그래, 다 먹어 치우거라
산다는 게 뭐 대수더냐

꾹꾹 눌러 참던 불안과 긴장의 시간이
신나는 타락의 전주곡을 켜는 중이다.

능소화

몇 날 몇 밤 활활
불장난 신명나더라.
내 그럴 줄 알았지
벌어진 입 다물기도 전에 어젯밤
비바람이 강타를 먹였다

툭툭 우두둑
시뻘건 핏물이 대문 앞에 낭자하다
어 휴-
저것들 목이 많긴 많구나.

가슴앓이

내 키보다 훨씬 높았던 부엌 찬장위엔
항상 비상약으로 소다가 있었다.

한 수저 푹 떠서 입안에 털어넣고
막힌 변기라도 뚫 듯
철재대문 쾅- 하고 닫히면
그 밤 울 엄니 시원하게 트림을 하셨지

땡볕에서 삽질하던 농부가
찬물 한 사발 들이키 듯
콸콸 쏟아지는 작두 물 벌컥이던 엄마
아침상 놓고 뒤돌아서던 등줄기에는
지난 밤 소다의 효험 때문인지
화가 부글부글 끓고 있었다

충혈된 눈에서 총알 발사한다면
아마, 백 리 밖 화투방에 있을
아버지 이마를 겨냥했을 터

5부

아침을 흔들며 간다

촛불

바람과 바람 사이 작은 떨림

제 몸 속의 진액을 짜내서라도
꽁꽁 얼어붙은 심장
다숩게 녹여주고 싶은 바램
얼마나 간절했기에
신음인 듯 내뱉는 한 방울 고요마저도
이토록 뜨거운 빛을 발산하는가

또, 얼마나 곧추세운 자세로 버티며 서 있었기에
발밑에 어둠을 엎드리게 하는 불화살이 되었는가

영혼과 육신이 뭉개져 농축된
뜨거운 액정, 저- 눈물 너머에도
쓰러지지 않으려고 맨발에 온몸을 의지한
한 사람의 생이 보인다.

광대놀이

가슴에 지펴진 불 삭이려
일상의 찰진 인연들, 그 허기의 분량 가늠하려는데
누렇게 황달 든 얼굴로 서둘러 신발끈을 묶는다
이 산 저 산 헤매고 다니던 가을
푸석한 산사, 탈을 쓰고 대웅전앞에 모였다
시집살이 각시광대, 알맹이 없는 초랭이광대
삶이 지겨운 할머니광대 한데 어우러진 광대춤
풍물소리에 맞춰 신명나게 벌어졌다

구멍 숭숭한 가을산 굽이굽이
누가 누구의 허기를 채워줘야 하는가
어리광만 피우는 광대들이여.

맨살에 쏟아지는 총탄

- 도로공사 현장을 보며

무슨 일인가 우당탕 탕 탕탕
바람을 끼고 맨살에 쏟아지는 은빛 총탄들

인간의 노예 대형 쇠 삽, 그 무기에
건강한 치아 생으로 뽑혀 드러난 잇몸
조각난 몸통에서 튀어나온 붉은 내장, 이들은
짐승처럼 울며 소리친다.
'우리는 피해자 일 뿐'이라고
몇 천만 년이 되었을 살덩이가 논바닥으로
혹은 강물 속으로 찢겨 던져지던 날
그 밤 구렁이 두 동강낸 운전기사
급사했다는 입소문 들리고

가만있던 나도 죄인인가
내 몸에 달려와 박히는 소름

백일기도
- 보리암에서

자연과 갯벌의 만남
원효대사가 초당을 지었다는 곳
기이한 바위에 둘러싸인 아슬한 절벽
어떻게 일천사백 년 꿋꿋하게 견디고 있었는가
한려수도 굽어보는 부처님
간절한 소원 하나쯤 들어줄 것 같아 엎드려 비는
불자들의 염원만큼이나 타오르는 촛불들
이성계가 이곳에서 백일기도 후
조선조를 열었다는데
간절한 나의 소원하나 있다면
내 어깨 기대며 자란 아이들
체에 걸러낸 듯 몽글고 아름답게 살아가기를…….
발밑에 흐르는 운무의 숨결처럼
백팔번뇌가 황혼에 안겨 잦아질 즈음

물이끼 가득한 나의 강에는
흘러 바다로 간 눈물, 흔적이나 남게 될까?

작은 샘물 앞에 멈춰 선 동자승
손잡이 긴 바가지로 윤회를 퍼 올리고 있다

아침을 흔들며 간다
- 딸네집 가며

수많은 바퀴들이
제 몸 궁굴리는 소리, 내 심장 소리
서로 다 낯설어, 열차는 몸살인 듯
덜커덩 덜커덩 아침을 흔들며 간다

차창 밖엔 체 가시지 않은 겨울 그림자

밤늦게 귀가하는 딸을 위해
아랫목 이불속에서 어머니가 꺼내주던 쌀밥처럼
흰 눈이 그늘에 다문다문 쌓여 있다

매서운 바람에 밥이 다 식을것 같은데
아이는 언제 와 저 밥을 먹을까

구멍 숭숭한 낡은 이불처럼
쭉정이만 남은 앙상한 나뭇가지에
언제 봄이 와서 포르르 휘파람새 앉을까

비탈진 각도

밭 서너 마지기
오지게 둘러싼 대나무 군락지에
종일토록 궂은비 내리던 날

밤색 털옷을 입은 멧새가
적당히 몸을 내젓고 있는
앞마당 무화과 가지에 언제 와 있었나
맨발을 바짝 오그려 붙이고는
오돌돌 턱을 떨고 있었지

아마도 저녁거리 구하러간 서방
고뇌만큼 걸터앉은 딴전부리의 무게가
바지랑대 없는 빨랫줄 처지 듯
설마 하는 믿음 와르르 무너지고 말았겠지

배신의 고독은 가슴을 뚫는다는 것
세월의 비탈진 각도에 서 보면 아는 거야

세상과 관계 맺다

잡초처럼 살다
온몸의 염증 껴안고 훨훨
새처럼 날아간 사람들

낙엽이 바람꼬리 붙들 듯
운명을 피해 달아난 것일까
중앙선을 추월한 삶일까

첩첩산중 푸른 숲에서
무수히 생겨나고 사라지는 것들도
나름대로 내장된 필생의 긴장 놓지 않고
생사의 순리 어기지는 않을 터

맨 처음 세상과 관계 맺을때 처럼
인연의 고리, 운명이든 숙명이든 소중히 여겨
부디 놓지 말았으면

침묵의 강

거품이 가득 찬 하늘에
낚시를 던져 놓은 사람
무엇을 건져 올리려 하는지

무릎에 얹은 두 팔은
어깨에 박힌 천 근 고독을 괴고
고생대 화석처럼 휘어져 굳은 저 등뼈
언제쯤 더운 피 돌까

밤 새워 가뭄든 논 바라보며
찬물만 벌컥이던 아버지처럼
뱃가죽 등골에 붙는 가난이 고였을까

바닥에 드러누워 잡히지 않는
물고기의 비릿함이 암울한 삶에 덧씌워져
악취처럼 따라 붙었을까

하늘 귀퉁이에 걸린 반쪽 입술이

비웃고 있다
훅-
한 치의 자존심이 떨어지려는 순간
훌렁-
낚싯대가 수원지 물을 뒤집는다.

저녁 노을

당신
선홍색으로 나를 물들이고
가을을 물들이고
번져가고 있네요

수평선 끝에서
잠시 뒤돌아볼 순간에라도
나는 당신 얼굴에 내 시가
물들기를 소망해요

세상을 다 태울 것 같던 열정
서서히 풀어내고 있네요.

살점이 뭉개지듯 스러져도
빛어야할 열망
저토록 넘치게 있었던가요.

당신과 나 저 너머에서도 찬연하기를

여명의 불씨

간밤에 바퀴벌레가 귓속에 들어갔나?
통증이 점점 가속의 페달을 밟아 알 수 없는 영역을
침범하고 있다
이마에 박힌 나사못 하나 빼지 못해 허우적대는
들고양이처럼 머릿속을 질주하는 통증을 견디다
새벽 잠자리를 차고 일어났다
습관처럼 물을 머금어 입안을 씻어냈다
아차!
불길한 예감
응급실로 달려가 머리를 고정시키고 천정을 본다
왼쪽 깜빡이가 고장 신고를 하고 있다
병명은 대상 포진 바이러스
몸의 저항력이 급격히 떨어진 상태였다
알 수 없는 벌레는 완행열차를 타고 간이역에 정차할
때마다 왼쪽 안면신경선 하나씩 먹어 치우고 있었다.
열차의 적색 신호등은 계속 깜빡거리고
사물을 보기 불가능한 눈꺼풀 잡아당겨 아예 봉합해
버렸다

오른쪽 깜빡이도 혼자서는 싫다고
덩달아 어둠을 선택했다
머릿속에서는 누군가 날카로운 칼로 휘두르고 있다

웅웅 소리나는 곳이 어디인지 몰라
검은 애벌레가 우글거리는 동굴 속에서
나는 몸부림친다
어딘가 끝이 있어야지 않겠는가
더듬거리다 콩알만 한 씨알 하나 잡히는 순간
작은 소리가 들린다
백 일이면 싹이 트겠습니다
햇살이 필요하다
동굴을 빠져나가야 한다
그곳엔 여명의 불씨가 있다.

가을 만나기
- 선유도를 다녀와서

네가 다시 왔다는데
아직 나는 만난 적 없어
비응도 유람선 선착장에 서있네

웅웅대는 바람소리가, 잊혀진 가을
한 모퉁이 지나 듯, 가슴 통과하여
발 동동대며 재촉하는 새 꽃고무신 같은
유람선 타고 바다 지나가네

선유도 모랫바람도
하룻밤 머물렀던 민박집도 예전 그대로인데
그곳에도 내가 찾는 너 없어
힘없이 돌아오네

아하! 집에 와보니
들녘에 널부러져 있던 황금빛 한 쪽
옷섶 붙잡고 슬며시 따라왔네

겨울나무

잎이 무성할 때는 몰랐습니다.
화려한 꽃이 피었을 때도 몰랐습니다.
시간이 흘러 꽃 지고
바람 불어 잎새 떨어지니
이제야 알겠습니다.
그대만이 변함없다는 것
언젠가 다시 피어날 그들을 위해
힘들어도 긴 겨울과 싸운다는 것을
이제야 알겠습니다.
그래도 밤이면 찾아주는 하늘의 벗들이 있어
그런 대로 견디며 산다는 것을

아름다운 꽃, 푸르고 싱싱한 잎
화려하게 치장되지 않아도
빈 몸 그대로 버팀목되어 서있는 나무
꾸밈없는 그것이 진실한 사랑이라는 것
이제야 알겠습니다

‖ 跋文 ‖

동사형 사유가 빚은 발랄한 감성의 시세계
— 박은주 제2시집 『물은 맨발로 걷는다』에 붙임

이 동 희
(시인 · 문학박사)

※ 삼훈三訓의 시론과 동사형 사유

'나는 생각한다, 고로 나는 존재한다.'고 설파한 이가 데카르트였던가? 근대철학의 기반을 세운 데카르트가 아니었어도 인간의 존재 방식은 '생각'에서 출발하여 '행동'하는 경유지를 거친 다음 다시 '생각'으로 귀결되는 과정에서 크게 벗어나지 않을 것이다.

모든 행동이 생각에서 시작한다고 해서, 모든 생각이 행동이 되지는 않는다. 생각하지 않고 행동하는 사례가 있을 수 있을까? 생각이 없는 것이 아니라, 생각이 깊지 못한 경우는 있을 수 있겠으나, 생각 없는 행동은 불가능하다. 일거수일투족은 뇌리에서 파생하는 생각의 뇌파에 의해서 촉발된다.

그러나 행동 없는 생각은 얼마든지 가능하다. 이럴 경우 우리는 관념의 포로가 되어 구체성 없는 생각의 순환에 휩싸이게 된다. 우리의 삶을 보다 진정성의 차원으로 승화시키기 위해서 우리는 부단하게 생각에 걸맞은 행동을 요구하는 것이 사회적 가치로 인정된다. 그만큼 생각은 행동과 결합해야 의미와 가치를 지니게 되고, 그 의미와 가치가 사람의 삶을 진정성의 차원으로 승화시키게 된다.

그러므로 앞에서 지적한 데카르트의 생각은 '나는 생각하고 행동함으로써 나는 존재한다.'는 말이 압축된 진술로 보면 타당할 것이다. 인간의 존재성은 생각으로 촉발되지만 그 생각만이 전부일 수는 없다. 사람들은 그 생각의 실체를 찾아서 끊임없이 탐구하고 탐색하는 여행을 감행한다. 그 길이 바로 인생의 길이다.

이런 인생의 길에서 가장 명확한 행동성-구체성을 요구하는 장르가 있다면 말할 것도 없이 '인간의 삶'이다. 인생은 막연히 뜬구름 잡는 생각의 놀이터가 아니다. 인간의 생명성은 생각의 놀이터가 다른 구체성의 공간으로 구체화될 때 가능한 엄숙한 영역이다. 인간의 치열한 생각들이 행동을 수반할 때 그 생각은 농토로 가꾸어지기도 하고, 공장으로 세워지기도 하며, 전쟁터로 탈바꿈하기도 한다.

이런 치열한 인간의 삶을 있는 그대로 그리되, 그 구체성의 삶을 의역하기 위해 노심초사하는 또 하나의 영역을 고르라면 필자는 서슴지 않고 '문학'을 꼽는다. 문학이야말로 생각의 구름을 잡아서 인간의 삶이라는 구체성에 적용함으로써, 허무한 관념의 포로가 되기 쉬운 인간을 끊임없이 구체적인 행동성의 맥락으로 끌어가는 장르임에 틀림없다.

그래서 우리 문학에서는 시의 정의를 이렇게 말하는가 보다.

"시는 '승承'에 의해서 지어지고, 그 승을 받드는 '지志'를 말하며, 시의 말에 따라서 사람의 행위를 견지시키는 '지持'라고 보았다. 그러므로 시의 삼훈三訓-承·志·持는 우리의 시문학에 지속적으로 관류했던 시의 정통적인 정의인 셈이다. -(윤재근 『詩論』)"

앞의 시론에 의하면 시는 군왕의 다스림을 받아서[承], 시인의 뜻을 말하며[志], 이를 통해서 사람의 행동을 견지시키는[持] 것으로 보았다. 오늘날 군왕이 무엇이겠는가? 그것은 바로 모든 예술의 창조적 모방 대상이자 근원인 하늘, 곧 자연이요, 섭리요, 우주의 원리인

동시에 근원적 진리의 세계로 보면 타당할 것이다. 이것은 바로 인간이 사유를 통해서 도달하고자 하는 근원적인 대상이 아닌가? 인간은 무엇을 생각하는가? 바로 근원적 진리이자 삶의 원리에 대한 추상화의 과정이 바로 사유-생각이다.

이것을 이어받는 것이 시의 첫째가는 도리라면 이에 시인의 의지를 덧붙이는 것이 다음의 경지다. 그것은 바로 형상화를 위한 언어적 표현을 뜻한다. 언어는 소리[聲]와 뜻[意]을 지닌다. 소리와 뜻이 결합하여 문자를 만든다. 그러므로 우리가 문자를 부려 쓰는 것은 바로 전달하고자 하는 의미를 소리와 결합시켜 드러내는 행위다. 시는 바로 그 소리와 의미를 그려낸, 인간[시인]의 생각을 구체화한 탁월한 표현 매체인 셈이다. 그래서 시에 쓰인 문자는 바로 시인의 뜻[志]이 된다.

그 뜻을 대하는 독자들은 자신의 생각을 시인이 전한 바에 어울리도록 행동-행위를 견지堅持시키게 된다. 제2의 독자가 되는 시인 역시 생각은 추상의 범주에서 촉발되지만 스스로 형상화한 문자에 의해서 자신의 행동마저 구체적인 행위-동작으로 견지시키지 않으면 안된다. 그래서 지[持]인 것이다. 하는 말 따로, 행하는 짓 따로라면 독자는 물론 시인 자신마저도 자신의 시에서 무엇을 얻을 수 있겠는가?

시문학이 말로써 그려내는 삼훈의 성격을 지닌다는 동양적 시론과 함께 '시가 추상의 생각을 구체적으로 형상화 한 언어예술'이라는 서양의 시론에 비추어서도 시는 행동적 사유를 요구한다. 그 행동적인 구체적인 사유가 부족한 시에서 우리는 막연한 관념의 흔적은 찾을 수 있을지 모르나 시인의 진정성을 찾기는 어렵다. 그래서 구체성이 결여된 시적 형상화는 시인의 상념의 넋두리요, 지적인 자기 만족의 수준을 넘어설 수 없다.

이런 시적 자기 모순에서 벗어나기 위해서는 진리를 승계하려는 의지와 함께 자신의 표현 욕구를 사려 깊고 웅숭 깊게 끌고 가야 마땅하다. 그러나 이보다 더 긴요한 것은 승계하고 표현하려는 의지가 구체성을 동반한 행동으로 이끌어내야 한다.

이런 시적 요구를 간략하게 정리한다면, '생각하라. 치열하게 사유하라. 그러나 그 언표言表되는 언어의 이상은 가장 구체적인 모습을 지니게 하라. 치열한 행동적 언어를 동원하여 적나라하게 표출하라.' 이것이 현대시가 지향하여 마땅한 시도詩道가 되어야 한다.

※시간까지도 박음질하는 동사형 어법

박은주의 제2시집 원고를 통독하면서 받은 가장 강렬한 느낌은 동사형 사유가 발랄한 시적 감성을 갈무리

하는 데 동원되고 있다는 점이다. 시인이 전하고자 하는 삶의 진실, 인생의 지혜, 혹은 자연의 진리를 '생각'하는 것은 관념觀念일 수밖에 없다. 그 관념은 시인의 내적 자기 검열은 거쳤을망정 진리가 되기에는 더 많은 객관성을 확보해야 한다. 그런 객관성을 확립하는 하나의 방법이 바로 구체성을 동반한 언어행위다. 구체성을 동반한 언어는 독자들을 설득하는 데 매우 효과적이다. 구체적 행동은 만인에게 공통되는 보편성을 지니기 때문이다.

사람은 맨몸으로 날아다닐 수 없고, 사람은 먹어야 생명을 연장하는 존재이며, 사랑과 미움마저도 그것이 행동으로 구체화될 때 비로소 의미와 가치가 되는 그런 보편성을 가지는 존재다. 이 점은 시인이나 독자나 마찬가지다. 그래서 구체성이 동원된 언어의 표현은 객관성을 확보하는 데 매우 효과적이다.

그런 구체성의 언어는 두 말할 것도 없이 바로 동사動詞가 그런 역할을 담당하고 있지 않는가! 내면 깊숙한 곳에서 촉발되는 생각마저도 밖으로 표출하여 드러낼 때는 반드시 동사가 동원되어야 한다. 그래야 관념의 지평을 넘어 인간의 삶을 변화시키는 구체성을 확보할 수 있다.

설익은 관념을 나열해 놓고 시라는 이름을 붙인 시들

이 아직도 횡행하고 있으며, 신을 향한 신앙인의 기도문이었으면 적당할 막연한 바람을 나열해 놓고 시라고 고집하는 것이 오늘날 문단 풍토의 일각을 이루고 있음을 부인할 수 없다.

여기에 비해서 박은주의 시에서는 시인의 표현 욕구를 동사적 사유의 맥락으로 형상화하려는 조짐을 읽을 수 있다는 것이 반갑다. 이것은 박시인의 시를 감상하는 하나의 창문이 될 수 있겠다고 판단하였다. 생경한 관념의 모순논리에서 벗어나는 방법, 자기 만족의 기도문 같은 희망의 토로가 아니라, 그런 생각이나 바람 등 관념적인 의지들이 동사의 몸을 빌려 발랄하게 약동하는 시를 대할 수 있는 것은 하나의 시법이 될 수 있으리라 여겼다.

비포장 시골길
새내기버스 기우뚱대다
박치기하려던 개구쟁이 바람 녀석에게
콧등이 살짝 스쳤을 뿐인데

흙먼지 뽀얀 고갯길
몰매라도 맞은 것처럼 마치
엄마에게 어리광부리 듯 여장군 앞에
불쑥 멈춰 선 채 꼼짝도 안한다
엔진 고장도 아닌데….

가야할 목적지는 아직 먼데
밭고랑 사이에 핀 냉이꽃처럼
흰 싸락눈 내리고, 어스름 땅거미도
바쁜 듯 똑딱똑딱 시간을 박음질하고 있다

나도 너처럼
떼쓰는 아이마냥 무작정 주저앉고 싶었다
신호등 파란불이 아니었다면

－「시간 박음질하다」 전문

삶의 전선에서 항상 뛰어다녀야 생존이 가능한 생활인들이 삶의 고단함을 푸념한들 대수이랴. 그것도 된소리 안 된 소리로 고래고래 고함이라도 지른들 무에 흉이 될 수 있으랴! 그러나 시인의 푸념은 달라야 한다. 달라도 시적 발성으로 인생의 진리를 承하고, 그런 다음 시인의 의지를 志해야 한다. 그래야 시를 읽은 독자들이 공감의 차원에서 자신의 행동을 진리의 차원으로 持하게 된다.

독자뿐만이 아니다. 시인 자신도 자신의 언표된 내면의 생각을 비로소 형상화된 문자적 표현을 통해서 음미함으로써 자신의 행위를 '시인다움'으로 견지하게 된다. 그런 시적 의도는 시인다운 사유로 촉발되어야 시다운 푸념이 가능해진다.

그런 단초를 이 작품의 제목이 효과적으로 형상화하고 있다. 「시간 박음질하다」가 그것이다. '시간'은 가장 추상적 관념이면서, 동시에 가장 확실한 객관성의 실체이면서, 또한 구체적으로 확인할 길 없는 무형의 실재하는 개념이자 현상이다. 시간이 바람과 같은 차원의 자연적 현상이면서 또한 바람과는 또 다른 자연 현상으로 인간의 삶에서 뗄려야 뗄 수 없는 긴요한 요소다.

바람은 분명히 존재하는 구체적인 현상이지만, 바람에 의해 촉발되는 간접적 현상이 없이는 감지할 수 없는 자연 현상이다. 시간도 그렇다. 시간은 분명히 인간과 자연을 교직하는 실체이면서도 시간은 볼 수도 없으며 만질 수도 없는 추상의 영역에 머물러 있다. 바람은 그래도 촉감으로 감지라도 할 수 있지만, 시간은 그냥 인간이 만든 시계라는 장난감 같은 도구나, 구름이 끼지 않은 날의 해의 기울기나, 밝음과 어둠이라는 간접적 실재가 없이는 도대체 헤아릴 길이 없다. 그러나 이 헤아릴 길 없는 삶의 요소가 인생은 물론 자연을 좌지우지한다.

그래서 누가 있어 시간의 존재를 의심하고서 살아남거나, 죽어갈 수 있겠는가? 인간은 누구나 막연하지만 구체적이고, 만질 수 없지만 역동적으로 작용하는, 시간의 노예인 것만은 움직일 수 없는 사실이다. 이 시간의 노예로서 하루하루 살아가는 인생의 고단함, 시간의 등고선을 타고 넘어야 하는 생활인의 고달픔이 바로 시간이라는 무형이지만 강력한 원리에 의해서 지배받고 있음을 이 작품은 말하고 있다. 그것도 동사적 사유를 소박한 시의 소재들로 구체화시키는 방법으로 그려내고 있다. 그리하여 눈 밝은 독자들은 하등의 어려울 것 없는 이런 시적 장치들을 통해서 보이지 않는 시간의 형상들을 실재적 현상들로, 구체적으로 실감하게 되는 행운을 얻는다.

인생의 길이 어디 탄탄대로뿐이겠는가? 포장되지 않는 먼짓길일망정 멈출 수 없는 것이 인생길이고, 그런 길을 가는 인생일수록 더디고 터덕거리기 마련이다. 이 '더디다'는 언표는 바로 시간이라는 개념을 드러낸 의미지만, 그 더디다는 의미를 '비포장 시골길'로 구체화함으로써 시간이 하나하나 또박또박 박음질하듯이 마디게 가는 실감-행위로써의 실감을 전하게 된다. 이런 효과는 순전히 '(시간을)박음질하다'는 동사 '박음질하다'로 얻어지는 효과임이 분명하다. 그런 효과로 인하여 삶의 운행이 만만치 않은 인생 초년병이라는 의미를 '새내기버스'라는 구체성으로 물질화하여, 현대시가 요구하는 '구체성과 행동성'이라는 동사적 개념으로 귀일시키고 있다.

이런 동사적 사유의 맥락은 계속된다. '멈춰서다'가 그것이다. 인생길은 흙먼지 자욱한 고달픈 길이고, 그 길을 가는 사회 초년병(새내기버스)은 '몰매를 맞거나, 엔진 고장'이라도 난 것처럼 '멈춰 섰다' 인생은 중단 없는 진행형이다. 잠자는 시간마저 인생은 중단하지 않는다. 잠자는 시간에도 인생은 나이를 먹고, 시간을 잊고 지내는 동안에도 인간의 세포는 생성-성숙-쇠퇴-사멸하는 과정을 쉴새없이 되풀이한다.

그것이 시간의 속성이자, 인간의 숙명이다. 이런 관념에 구체성을 부여하여 시간을 인간의 삶을 움직이는 부동의 진리임을 드러내는 시의 장치는 바로 동사 '멈춰서다'에 있다. 어찌 인간이라고 해서 고장이 나지 않겠는가? 자동차를 움직이는 엔진이야 수리하면 그만이지만, 인간의 엔진이 고장나면 수리만으로 회복되지 않고 상처가 남는다. 힘에 부친 삶의 고갯길을 오르는 인생이여! '멈춰서지' 않도록 내면의 시간을 조율할 일이다.

'가야할 길이 바쁘고 멀수록 눈앞의 시간은 촉박하다.' 이것은 막연한 생각이자 관념이다. 이런 의식을 시로 옮길 때는 구체성을 동반해야 시가 될 수 있다. 박시인은 그런 시법으로 '동사형 사유'를 채택하고 있다. 바로 '똑딱똑딱 시간을 박음질하고 있다'가 그것이다. 무형의 시간도 시인에게 오면 바느질의 도구처럼 구체화되고, 실감할 수 없는 시간의 촉수도 시인에게 오면 옷감을 누비듯이 인생을 누빌 수 있는 바느질감으로 실감된다.

인생은 한 바늘 한 땀 옷감을 박음질하는 과정과 매우 닮았다고 생각한다. 박음질이 천과 천을 이어서 의복을 만드는 행위겠지만, 인생 역시 과거의 시간과 미래의 시간을 이어서 삶이라는 인생의복을 만드는 행위이기도 한다. 모든 인간의 행동은 시간이라는 먹이를 필요로 한다. 시간이 들지 않는 행위는 없고, 행위가 없이는 아무것도 인간의 실존에 영향을 줄 수 없다. 시간을 박음질하는 동사형 사유가 구체화되어 인생에게 분명히 있으나 쉽게 간파하지 못하고 살아가는, 또 하나의 공개된 비밀을 들여다보는 일이 즐겁다.

시간을 박음질하듯이 다급하게 살아가면서, '주저앉고 싶지' 않은 인생이 어디 있을까? 역시 '주저앉다'는 동사다. '좌절-절망-실망' 같은 관념어를 배제하고 '주저앉고 싶다'는 가장 구체적인 행동성이 드러나는 동사를 드러냄으로써 '좌절-절망-실망'보다 더욱 강력하게 시인의 의지를 형상화하는 데 성공한다. 팍팍한 인생길에서 무시로 찾아오는 빨간 신호등을 만날 때마다 지친 인생은 주저앉게 된다.

그러나 이 작품에서는 주저앉아서는 안 될 하나의 희망을 '파란 신호등'으로 배치하고 있다. 이 역시 동사적 사유의 생략과 압축이다. '신호등 파란불이 아니었다면'하고 미완의 결구를 채택했지만, 이 역시 동사형 사유의 전형이라고 본다.

'파란 신호등'은 '(길을)건너다-(가던 길을)가다-(걸음을 옮겨)걷다-(목적지로)향하다'는 동사형에 대한 상징이다. 그 파란 신호등이 있음으로 해서 아무리 지치고 힘든 인생길일망정 인간은 멈춰서지 않고, 절망하지 말고 가던 길을 계속해서, 시간을 박음질하며 힘차게 걸어가야 하는 것이 아니겠는가!

※여성화자가 지닌 동사형 사유

이런 동사형 사유는 이 시집의 많은 작품에서 강력한 시의 힘을 발휘한다. 이를테면 이런 작품에서는 그 구체성의 실체가 더욱 효과적으로 시력을 과시한다.

등 돌리고 말았겠지

위험을 감지한
몸 안의 작은 생명
덫에 걸린 한 마리 새처럼 덜덜 떨며
짐승처럼 너를 울리지 않았더라면

어느 시련의 무게에 눌린 절절함
산 굽이굽이 휘돌다 다시 오고
가끔씩 폭풍우 후려치고 지나도
그래, 바람이 장난처럼 한 번 그래본 거야

꺼이꺼이 울며 품 속 뛰어드는 빗방울
껴안으며, 껴안으며 맨발로 자갈길 걸어간다

흘러흘러 바다로 갈 저- 눈물의 행보

-「물은 맨발로 걷는다」 전문

이 작품이 필자의 안목을 끌게 된 것도 실은 그 제목이 발휘하는 바, 강력한 동사형에 있었다.「물은 맨발로 걷는다」 '물'의 상징성, '맨발'이 암시하는 함축성, '걷는다'가 드러내는 구체성의 실재를 실감하면서, 박시인 특유의 동사형 사유가 빛을 내는 작품으로 보였다. 관심을 끄는 이상으로 이 작품은 여성화자의 섬세한 정서가 그냥 감상주의로 흐르지 않고 역동적인 사유의 힘을 발휘하는 데서 주목할 만한 작품이다.

'쉽게 쓰이는 자신의 시'를 부끄럽게 여긴 윤동주에게 '쉽다'는 것은 백척간두 누란의 위기 앞에 선 현실적 대응 능력이 겨우 시詩뿐이라는 자괴감의 표출일 수도 있는 데서 '쉽게 쓰인다'의 '쉽다'를 그냥 형용사로만 받아들여서는 윤동주를 읽는 데 실패한다. 그럼에도 근래 시단 일각의 추세는 대중성에 박자라도 맞추듯이 '쉬운 시' '쉽게 쓰인 시' '쉽게 읽히는 시'에 대한 선호가 끊이지 않는다.

그러나 단언하건대 그렇게 쉬운 시를 선호하는 대중성에 무비판적으로 호응하는 것이 시의 정도라고는 생각하지 않는다. 시가 어렵다는 것은 그 표현 수단이 암유와 상징 등 어려울 수밖에 없는 숙명 때문이거니와, 시가 이해하기 쉽지 않다는 것은 시가 지닌 함축성이라는 고유의 미덕 때문임을 안다면 쉬운 시에 대하여 대중 영합하는 듯한 자세는 시의 정도도 아니요, 시인이 가야할 길도 아니라고 본다.

시가 참으로 효과적인 표현법을 제대로 구사함으로써, 혹은 정치한 함축성의 비밀을 간직함으로써 난해하다면, 그런 시는 얼마든지 환영하여 마지않는 풍토가 시의 영토를 풍요롭게 할 것이다.

이런 취지에서 박은주의 시 「물은 맨발로 걷는다」는 일반 독자들이 받아들이기에 쉽지 않을지 모르겠으나, 시가 지녀야 할 미덕을 고르게 갖추고 있다. 이 작품이 이해하기 쉽지 않겠지만, 결코 외면할 수 없이 많은 매력을 지닌 작품이다. 그래서 이 작품에서 '걷는다'는 동사를 그냥 발걸음을 옮기는 동사로만 받아들였다가는 시의 안방은 고사하고 시의 문턱에도 이르지 못하게 될 위험성이 있는 작품이다. 그러나 그 고비만 넘긴다면 좋은 독서체험을 할 수 있는 작품이다.

이 작품을 대하면서 필자는 눈시울이 붉어지는 독서체험을 했다. 객체화된 시작품과 그 시를 생산한 시인을 견강부회할 필요는 굳이 없겠으나, 그래도 시적화자가 여성이라는 선입관과 이 시가 담고 있는 상처의 구체성이 읽는 동안 누선을 자극하기에 충분했다.

여성화자가 아니고서는 체험할 수 없는 삶의 진실을 시적 진실로 형상화해낸 원동력이 바로 동사형 사유와 맥을 잇고 있다. 동사형 사유가 관념적이고 추상으로 흐르기 쉬운 시의 의미 맥락을 구체화시키는 데 성공적으로 기여하기 때문이다.

'물'은 생명의 상징이자 은유다. '맨발'은 아무런 보호장치도 없는 적나라한 모습이다. '걷는다'는 멈추지 않음이다. 그러니까, 이런 상징과 암유와 은유를 벗겨내고 거칠게 의미맥락을 짚어보면 이렇다. '생명은 아무런 보호 장비도 없이 거칠고 황량한 길을 멈추지 않고 간다'는 것이다.

'물'은 두 생명을 상정할 수 있다. 하나는 버려진 생명[물]이며, 또 하나는 버린 생명[물]이다. 버려진 물도 생명이고, 버린 물도 생명이다. 버려진 생명은 '짐승처럼 덫에 걸려 위험을 감지'하였고, 버린 생명은 '시련의 무게에 눌려 폭풍우 후려치듯이 등 돌리고' 말았다. 두 생명은 이제 서로 방향은 다르지만 모두 '맨발'이 되어 '눈물의 행보[걷는다]'를 한다.

버려진 물은 '품 속으로 뛰어드는 (나약한)빗방울의 모습'으로 '바다로 갈[향하고]'것이고, 버린 물은 '(품안으로 뛰어드는 빗방울을)껴안고 맨발로 자갈길을 걸어서'간다. 버려진 물은 비록 버려졌더라도 물이 지닌 본디 생명성은 잃지 않는다. '빗방울'도 물이고, '눈물'도 물이며, 행선지 '바다'도 물이다. 비록 버려졌지만 생명의 본향인 바다를 향하여 눈물[맨발]로 걷는 것이다. 버린 물도 마찬가지다. '바람이 장난처럼 그래본 것이지만' 맨발로 자갈길을 걷는 고행을 마다하지 않는 것이다. 생명의 환원과 생명성에 대한 참회의 눈물길을 '걷는다.' 시적화자의 참회의 구체성이 시를 가슴으로 읽는 이들을 공감하게 하는 대목이다.

사실 우리 사회에서 낙태에 대한 담론은 참으로 부끄러운 수준에 머물러 있다. 낙태에 대한 찬반을 떠나서(언제나 모든 논쟁의 사안들이 본질을 외면하고, 그 지엽적 현상인 흑백논리에 묻혀서 제대로 논의조차 하지 못하고 마는 것이 우리 사회의 의식수준이 아닌가 한다.) 제대로 생명성에 대해서 진지하게 논의해서 당사자들에게 선택에 따른 합리적인 사유의 공간을 마련해 줄만도 하건만, 아직도 낙태에 대한 진지한 담론이 발을 붙이지 못하고 있다.

이런 사회 분위기 가운데에서도 시를 통해서 이를 정면으로 문제를 제기하고 인간성의 본질을 진지하게 성찰하게 한 이 작품은 박은주 시가 지향하는 한 특징을 간파하기에 매우 적합한 작품으로 보인다. 시문학이 존재하는 이유 가운데 하나는 인간의 정신력을 심미적으로 고양시키는 데 있다. 그것이 언어예술이라는 장르를 빌리고는 있지만, 본질적으로는 인간성의 고양이라는 본질적 목적은 훼손되지 않는다.

「물은 맨발로 걷는다」는 모든 논의의 중심에 인간성의 진지한 성찰과 생명성의 존엄함을 되돌아보게 한다. 모든 생명의 원초적 모습은 물이자, 물과 같이 한없이 나약하고 원형질적이다. 그런 생명의 미약함은 그것을 존엄하게 받아들이고 진지하게 대접할 줄 아는 인간에게서만 꽃을 피우고 결실할 수 있다. 그것을 외면당한 생명[물]이나, 그것을 (어쩔 수 없는 형편으로)외면한 생명[물]은 그러므로 눈물의 길이라는 형극의 과정을 통해서 구원될 수 있는 것이다. 시가 어렵지만 극복할 만한 가치가 있는 것은 바로 이런 함축적 의미의 중심

축을 독파해 냄으로써 우리의 정신력이 맞이하는 지적 카타르시스 때문이 아니겠는가? 여성화자가 지닌 동사형 사유가 구체성의 힘을 발휘하여 독자의 정신력을 고양시키는 데 기여하는 시를 읽는 일은 그러므로 노작에 값하는 소중한 체험이다.

※동사형 사유와 접맥된 서정의 한恨

이런 동사형 사유가 돋보이는 작품들이 시집의 중심을 이룬다. 이를테면 '피멍든 손톱 이쁘다고/ 잘 익은 사내 가슴은 콩 당 콩 당/ 대장간이 된다/ 불화살을 만드는 중이다'(「봉선화」의 4연)에서는 연정마저 그냥 서정적 진술로 만족하지 않고, 역동적인 이미지로 구체성을 구현한다. '대장간이 되는 사나이의 가슴'은 얼마나 뜨겁게 풀무질을 해댈 것인가? '불화살'을 만드는 사나이의 열정은 또 얼마나 뜨거울 것이며, 이 불화살을 맞은 봉선화물 손톱에 피멍처럼, 붉은 열정을 물들인 처자들의 가슴은 또한 얼마나 뜨겁게 타오를 것인가?

이 모두가 동사형 진술을 통해서 순정으로 물들어가는 서정을 형상화하면서 동시에 '봉선화 물'이 대장간의 풀무질로 타오르는 불길과 불화살로 당겨지는 불길의 색채이미지를 교묘하게 결합시킴으로써, 서정의 맥락을 역동성의 그것으로 형상화하는 데 성공한다. 그런 이미지들이 이 시의 독해에 가세하여 독자들의 심미안을 충족시켜서 색채가 주는 사랑의 그림을 아름답게 그려넣게 된다.

이런 역동적 사유는 다음과 같은 진술에서도 발견할 수 있다. '사그락, 사그락 갉아 먹히는 것 아직/ 살아남아 있는 조그만 꿈들/ 그래, 다 먹어 치우거라/ 산다는 게 뭐 대수더냐'(「무력武力」의 2연) '지하도에서'가 이 작품의 부제다. 지하도 긴 의자에서 구겨진 모습으로 잠든 노숙자의 몸에 밤이 되자 온갖 물것들이 달려든다. 이를 시적 진술로 환치하는 데 박시인은 예의 동사형 사유를 동원한다.

'물것들이 노숙자의 꿈을 갉아 먹는 것'은 역으로 '물것들에게는 살아가는 꿈을 실현하는 것'이라는 역설이 가능해진다. 다 먹어 치우라고 성원하는 것은 '산다는 것'에 대한 시인 나름의 달관이 엿보이는 듯하지만, 노숙자의 삶이 폄훼되는 현장을 외면하고서, 인간의 존엄성을 말할 수 없는 고민이 함축된 것으로 판단할 수 있다.

인간존재의 참혹한 현상을 외면하지 못하는 것은 시인의 여린 감성으로는 당연한 일이다. 그런 감성이 박은주에게도 다양할 것임은 여타의 작품을 살펴보면 쉽게 발견할 수 있다. 다만 인생의 중반을 넘어가는 여류시인에게 있어 서정적 체험이 어찌 다양한 스펙트럼을

지니지 않았으랴. 회상과 추억과 안타까움과 절절한 소망과 간절하게 기도하는 심정들이 서정적 울림을 통하여 형상화된 작품들도 발견된다. 그러나 이런 서정성이 고양된 작품에 있어서도 예의 그 동사형 사유의 힘은 고스란히 간직되어 있음을 발견할 수 있다.

그러니까, 박은주에게 있어 서정적 한이랄까, 추억의 안타까움마저도 동사형 사유를 통해서 이어받고[承], 그것을 자신의 서정의 색채로 드러내며[志], 이런 시적 진술을 자신의 삶 속에서 견지[持]해 내겠다는 자기 선언으로 보아도 무방할 것이다. 그것은 서정적인 한의 정서마저도 동사형 사유를 통해서 극복해내려는 데서 알 수 있다.

어둠이 스멀스멀 기어들고
심장을 치는 빗소리, 가쁜 숨 몰아쉬며
두레박처럼 우물 속에 몸을 던진다

첨벙!
바닥 깊은 곳에 닿았나 보다

이만큼이야, 하는 메아리
그대 서있는 벼랑 끝 아슬~한 떨림처럼
가슴 멍~ 하니 울린다

한 방울의 수액도 받아들이기 버거운
척박한 혈관, 비탈길 걸어가는
가느스름한 진동이 내 목 죄어 오는 듯한

어머니! 당신 등 뒤에서 작은 등불이 되어
이 밤 온전히 지새울 수 있을지

긴 수면 속, 하염없는 당신 앞에 나는
비 맞은 나비처럼 고통스럽다

–「작은 등불이 되어」 전문

섬뜩한 한恨의 정서를 느끼게 한다. 박은주는 이런 서정마저도 동사형 사유로 시적 발상을 견지해낸다. 어둠 속에서 통곡하는 남겨진 자식–딸의 심정이야 더욱 요란해지는 빗방울 소리로 그려낸다. 어둠은 슬픔을 더욱 슬프게 하고, 비통함을 더욱 비통하게 하는 자연의 선물이다. 화자는 통곡하는 어둠의 공간에서 다른 자기를 희생할 어둠의 공간으로 옮겨갈 준비를 이미 마쳤다. 그래서 빗방울이 내리치듯 서럽게 울 수 있다.

우물은 또 다른 부활의 공간이다. 부활은 죽지 않으면 불가능하다. 일단 죽어야 부활할 수 있다. 죽음은 자기희생이요, 부활을 위한 전제조건이다. '살기 위해'(부활의 끈이 달려있는 두레박처럼) 우물 속으로 몸을 던진다. '던진다'는 동사다. 자기희생이라는 의식-관념을 '던진다'는 동사 시어를 배치함으로써 시상을 구체화한다.

우물 속에 몸을 던진 화자를 구원[부활]하는 것은 바로 '아슬~한 소리'다. 시적화자는 시적대상인 어머니에 의해서 구원[부활]된다. '이만큼이야, 하는 메아리'는 바로 어머니의 목소리다. 절망의 깊이를 먼저 인생을 사신 어머니의 귀띔으로 가늠하게 됨으로써 비로소 절망의 깊이를 벗어나 새로운 등불을 밝혀들 수 있게 된 것이다.

부활한 인생이 선택할 수 있는 길은 명확하다. 작은 등불이 되어 화자를 구원한 어머니의 여생을 밝혀드리는 일이며, 통곡의 어둠[밤]을 온전히 지새울 수 있기를 바랄 일이다. 한의 서러운 정서마저도 박은주는 동사형 사유를 통해서 견지해 간다. 매우 건강한 시적 발상이요, 시의 어법이라 아니할 수 없다.

필자는 이 글의 앞머리에서 동양적 시관과 서양적 시론의 일단을 피력하면서 논의를 시작하였다. 시는 진리를 이으려는[承], 시인의 의지의 표현[志]이며, 이런 시작품을 통해서 시인이나 독자나 시의 뜻을 행동-행위로 실천[持]해야 하는 것이라는 시관을 소개하였다. 아울러 서양의 시론에서는 관념이나 추상적 개념, 막연한 느낌[정서]을 구체적으로 형상화함으로써 비로소 시의 실체를 만날 수 있다고 하였다.

막연한 개념의 나열을 시로 착각하는 일도 삼가야 하겠으며, 설익은 관념의 토로를 시라고 주장하는 일도 있어서는 안 된다. 쉬운 시에 대한 대중 영합적 시의 추세에 편승하는 것 역시 시의 정도가 아니라고 하였다. 구체성의 그림을 통해서, 시인의 시적 진술이 독자의 구체적 행동성과 일치될 수 있는, 또는 일치하려는 정신력의 고양을 촉발할 수 있는 경지로 시는 나아가야 한다. 이는 동서양을 막론하고 시는 결과적으로 구체적 행동성과 일치하는 심미적 장르임을 뜻한다 할 것이다.

이런 의미로 볼 때 박은주 시인이 이번 시집에서 보여주고 있는 '동사형 사유가 빚은 발랄한 시적 감성'은 자신의 시적 특성을 어디에 두어야 하는가를 간파한 유효한 시의 어법이라고 생각한다. 막연한 느낌도 동사형 진술을 통해서 구체화될 수 있다. 설익은 관념이나 구체성이 없는 의식적 사념도 구체성을 동반하는 동사적 진술을 통해서 실감할 수 있다.

필자는 박은주 시가 지니고 있는 여러 가지 시적 발성법을 진단하면서 '동사형 사유가 빚은 발랄한 감성의 시세계'를 중요한 모티브로 봤다. 그러나 이것은 어디까지나 이 시집에서 발견할 수 있는 개성과 특징을 진단하고자 할 때 취할 수 있는 부분적인 사례일 수도 있다.

다만, '모든 시작품은 하나하나가 독립된 세계이자 나름대로의 미적 질서를 스스로 가지게 된다.'는 점을 전제한다면, 하나의 발상을 모든 작품에 적용한다는 것 자체가 무리임을 안다. 바라는 것은 앞에서 지적한 시의 미덕들이 더욱 갈고 다듬어서 앞으로 전개될 박은주 시세계의 유력한 개성들로 더욱 발전하기를 바랄 뿐이다.

박은주 시집

물은 맨발로 걷는다

인　　쇄 / 2008년 12월　5일
발　　행 / 2008년 12월 10일

저　　자 / 박 은 주
발 행 인 / 서 정 환
발 행 처 / 신아출판사

출판등록 / 1984년 8월 17일 28호
주　　소 / 전주시 완산구 태평동 251-30
전　　화 / (063)275-4000, 252-5633
팩　　스 / (063)274-3131
메　　일 / sina321@hanmail.net
shina321@chol.com

값 9,000원

ISBN 978-89-5925-504-7　03810

■ 이 책은 전라북도 문예진흥기금을 받았습니다.